Inhaltsverzeichnis

Mein Forscherheft Bäume

Name: ______________________________ Datum: ____________

BVK • Sabrina Grün • Mein Forscherheft Bäume

Vorwort

Entdeckendes Lernen bedeutet, dass die Kinder durch Anreize selbst Erkenntnisse gewinnen und vor allem **handelnd ihre Umwelt begreifen.**

Kinder sind von Natur aus neugierig und möchten die Welt, in der wir leben, verstehen. Vieles begreifen und erfassen sie am besten, wenn sie es selbst erfahren dürfen, wenn sie selbst Blätter sammeln, Rinde fühlen, an Blumen riechen, die Sterne beobachten, Regenwürmer anfassen oder etwas einpflanzen und beim Wachsen beobachten dürfen. So entsteht ein direkter Kontakt zur Natur, der wichtig ist, um sie als schützenswert wahrzunehmen. Und auch das Lernen wird **nachhaltig verankert,** denn oftmals wird das selbst Erlebte viel besser behalten als angelesenes Wissen.

Die Forscherhefte sind wie kleine Anleitungen zum Entdecken und Erfahren, die **Kinder eigenständig bearbeiten** können. Sie eignen sich als Hausaufgabe genauso wie als Teil der Wochenplanarbeit oder für die OGS. Im Sachunterricht können sie eine Unterrichtsreihe oder auch eine Projektwoche zum Thema begleiten.
Wenn es nicht möglich ist, die Erfahrungen in der Umgebung der Schule zu machen und das auch im häuslichen Umfeld nicht möglich ist, bietet sich eine Exkursion an. Ein Tag im Wald, in einem Park oder auf der Wiese, ein Tag bei einem Gemüsebauern oder einem Imker lohnt sich und lässt die Kinder auch wichtige Zusammenhänge erkennen. Außerdem sollten die Kinder die Möglichkeit haben, selbstständig nach Informationen zu suchen. Hierzu kann ein Büchertisch vorbereitet werden, auf dem verschiedene Sachbücher bereitliegen. Darüber hinaus können die Kinder angeleitet werden, mit Hilfe des Internets nach Informationen zum Thema zu suchen.

Besonders schön ist es, wenn die Kinder aus den Kopiervorlagen des Forscherheftes ein **eigenes Heftchen** machen können. Dazu werden die Seiten gelocht und mit einem Band zusammengebunden oder auch getackert. Das Deckblatt kann farbig gestaltet und das Forscherheft nach und nach bearbeitet werden. Dabei ist die Reihenfolge der Seiten variabel. Oder die Seiten werden zunächst bearbeitet und gesammelt und anschließend zu einem Forscherheft gebunden. Dieses fertige Heftchen kann auch als Projektarbeit gewertet oder als Überblick über den Lernzuwachs genutzt werden. Vor allem aber ist es ein **Schatz an Erkenntnissen,** den die Kinder mitnehmen können.

Viel Spaß bei der Umsetzung, beim Entdecken und Forschen!

Ihr BVK-Team

Der Baum

Ein Baum hat **Wurzeln,** die ihn in der Erde festhalten. Der stabile **Stamm** lässt den Baum aufrecht stehen. An den **Ästen** sind die **Blätter** oder **Nadeln, Blüten** und **Früchte.**

Aufgaben

1. Schaue dir draußen verschiedene Bäume an.
Tipp: Mache Fotos von den Bäumen!
2. Beschrifte die Abbildung des Baumes.

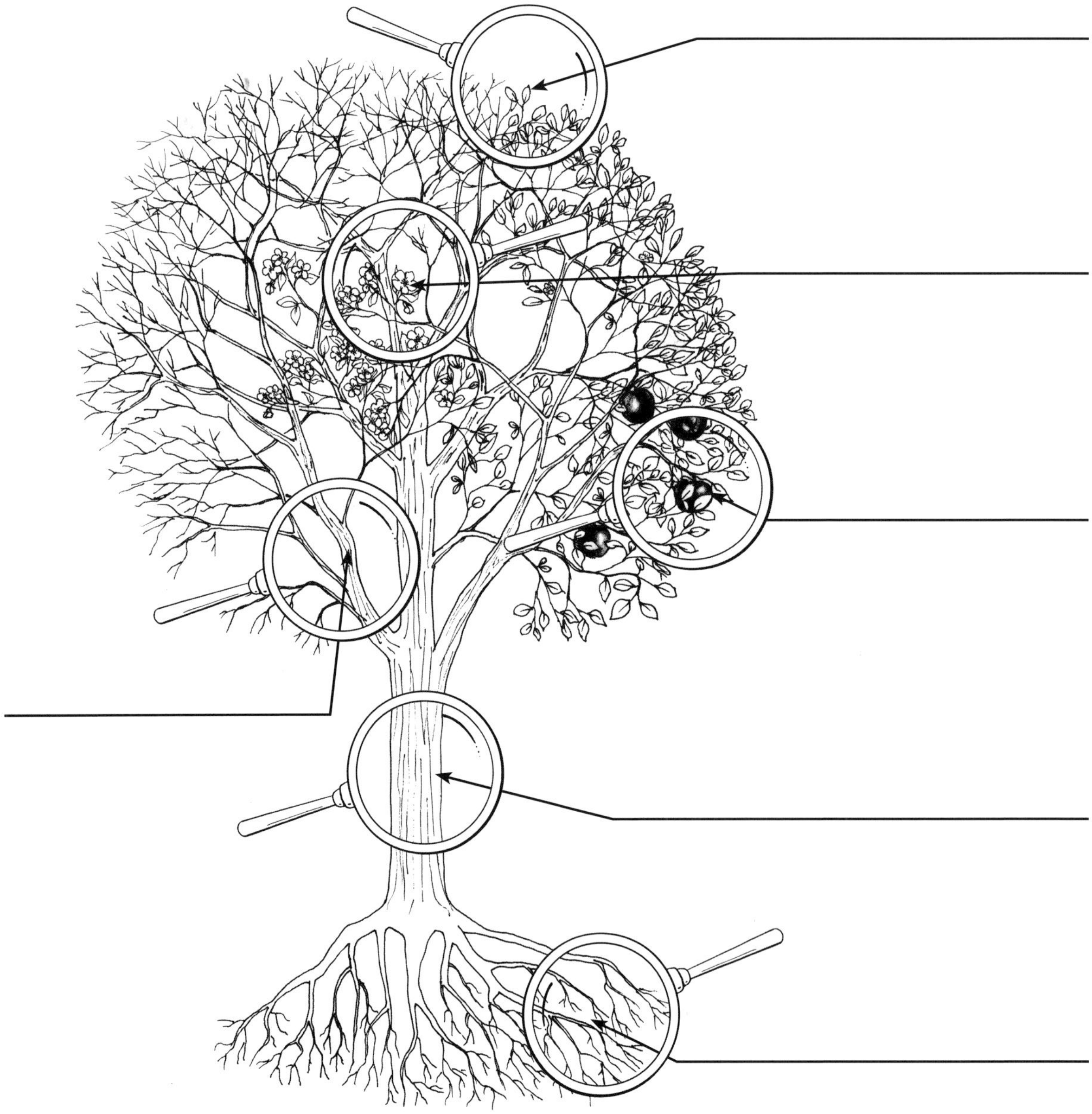

BVK • Sabrina Grün • Mein Forscherheft Bäume

Laubbäume (1)

Laubbäume haben im Sommer viele grüne Blätter. An ihrer Form erkennst du die verschiedenen Bäume. Im Herbst färben sich die Blätter rot, gelb und braun. Dann fallen die Blätter ab. Im Winter sind Laubbäume kahl.

Aufgaben

1. Schneide die Bilder aus und klebe sie passend auf das Arbeitsblatt (2) zu den richtigen Laubbäumen.
2. Welche der Bäume hast du schon einmal gesehen? ☒ Kreuze an!

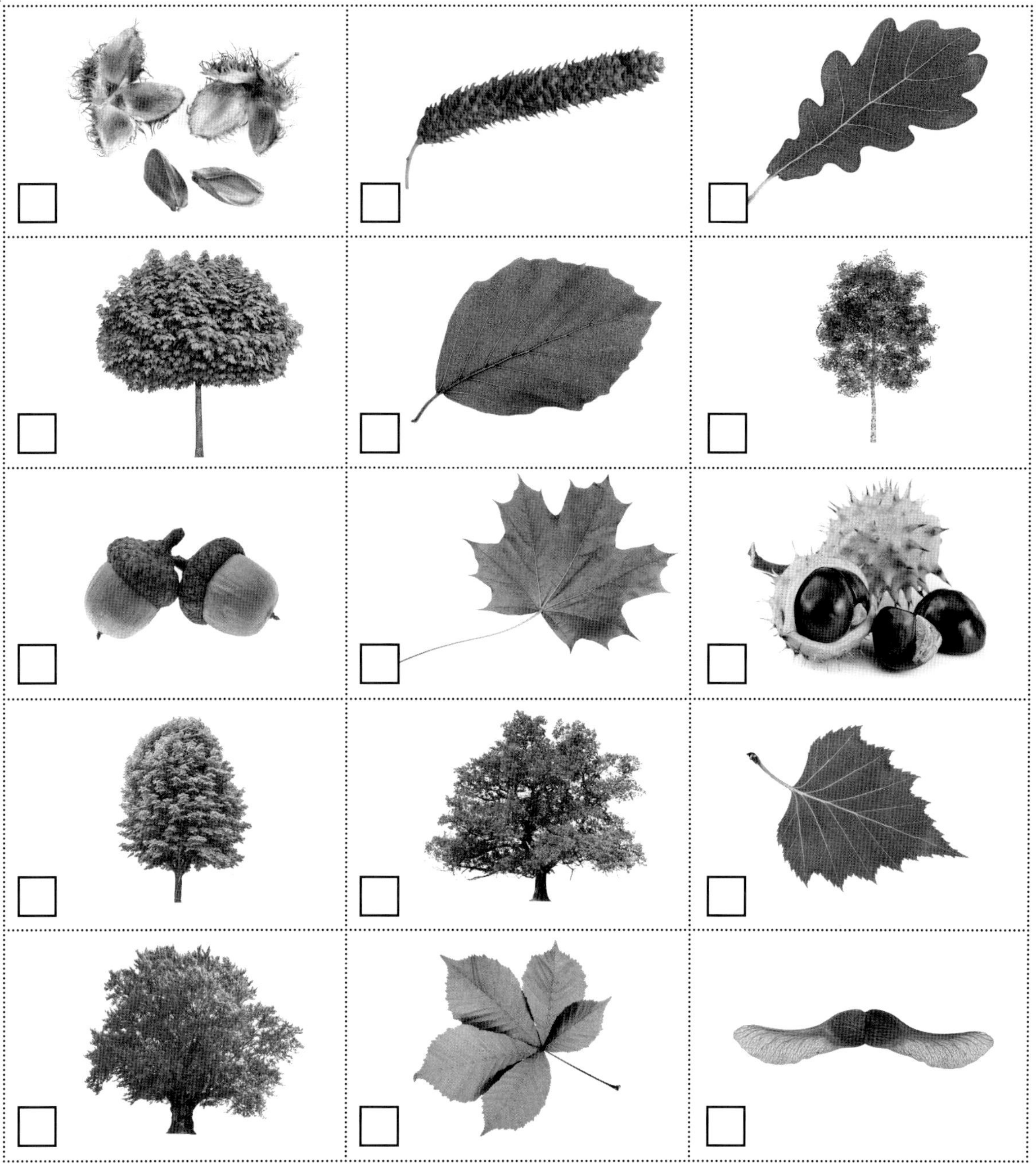

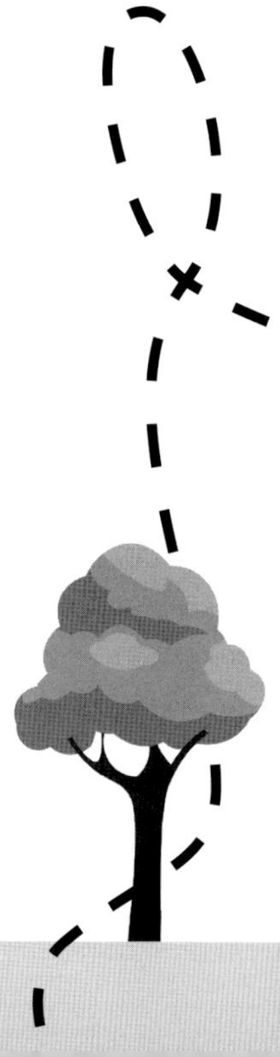

☐	☐	☐
☐	☐	☐
☐	☐	☐
☐	☐	☐
☐	☐	☐

Laubbäume (2)

Baum	Blatt	Frucht
Ahorn		
Buche		
Birke		
Kastanie		
Eiche		

Nadelbäume (1)

Nadelbäume haben ganz schmale, dünne Blätter. Sie sehen aus wie Nadeln. Nadelbäume sind das ganze Jahr über grün. Nur die Lärche verliert im Winter ihre Nadeln. Die Früchte der Nadelbäume nennt man Zapfen.

Aufgaben

1. Schneide die Bilder aus und klebe sie passend auf das Arbeitsblatt (2) zu den Nadelbäumen.
2. Welche der Bäume hast du schon einmal gesehen? ☒ Kreuze an.

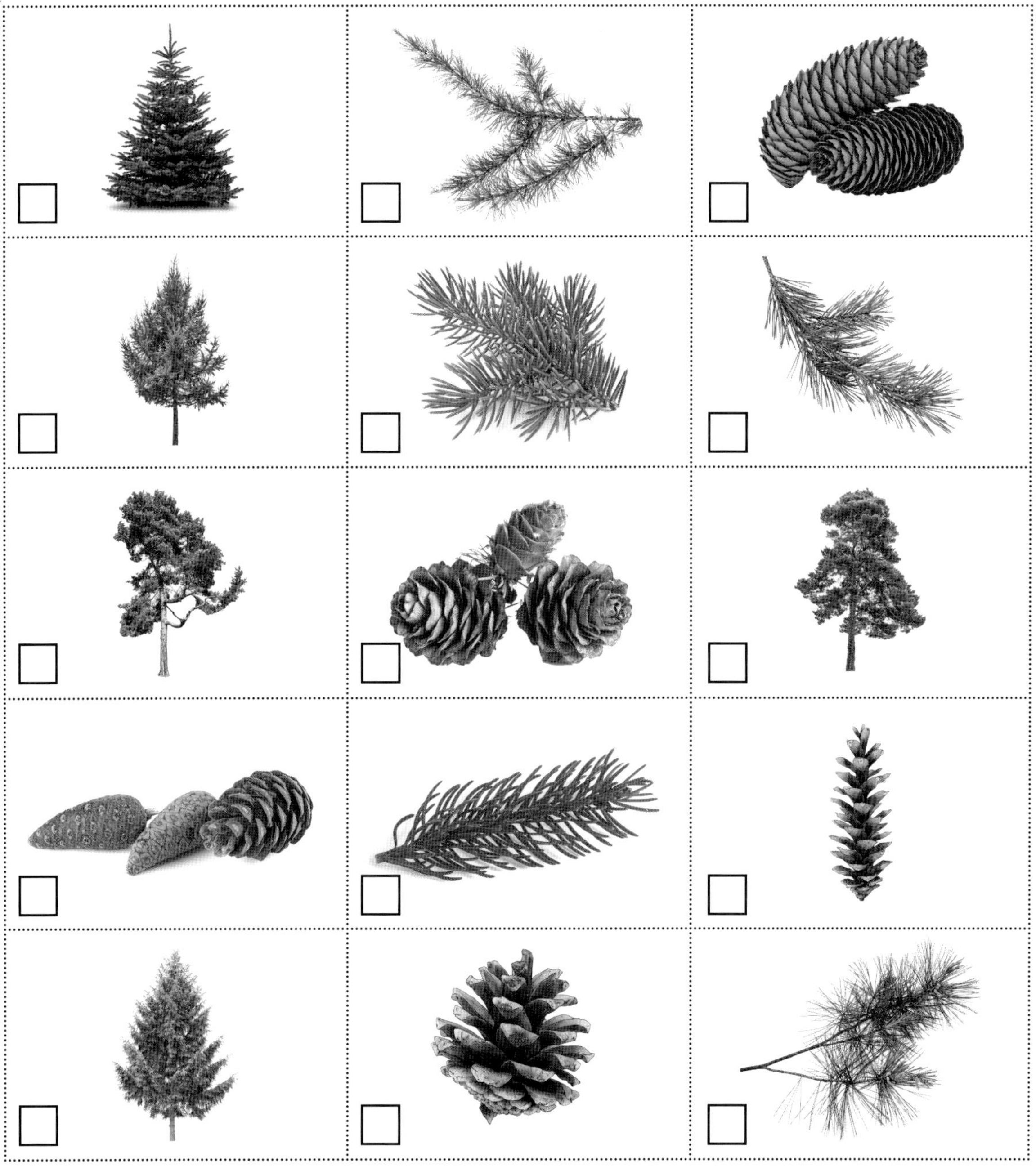

☐	☐	☐
☐	☐	☐
☐	☐	☐
☐	☐	☐
☐	☐	☐

BVK • Sabrina Grün • Mein Forscherheft Bäume

Nadelbäume (2)

Baum	Nadel	Frucht
Kiefer		
Fichte		
Tanne		
Lärche		
Zirbe		

Baum-Steckbrief

Aufgaben

1. Suche dir einen Laubbaum oder einen Nadelbaum aus.
2. Gehe nach draußen. Kannst du deinen Baum dort finden?
   Sieh dir den Baum genau an. Was fällt dir alles auf?
3. Fülle den Steckbrief für deinen Baum aus. Du kannst passende Bilder malen oder Fundstücke einkleben.
   Suche dazu im Internet nach Bildern und Informationen:
   www.helles-koepfchen.de, www.fragfinn.de

Baum: ______________________

Blattform / Nadelform:

Rinde:

Frucht / Zapfen:

Hier habe ich den Baum gefunden:

____

Umfang: ________________

Besonderheiten: ______________________________

____

Jahresringe

Aufgaben

1. Suche einen abgesägten Baumstamm oder Baumstumpf.
2. Schaue dir die Jahresringe genau an. Es sind für jedes Jahr immer ein heller und ein dunkler Ring. Zähle! Wie alt war der Baum?
3. Zeichne die Ringe in die Baumscheibe.

Mein Baum war ______ Jahre alt.

BVK • Sabrina Grün • Mein Forscherheft Bäume

Messen

Aufgaben

1. Untersuche verschiedene Bäume und ihre Blätter und Früchte.
   Miss mit einem Lineal.
   Tipp: Wenn du den Umfang eines Baumstamms messen möchtest, lege eine Schnur darum und miss später die Länge der Schnur.
2. Trage die Ergebnisse ein.

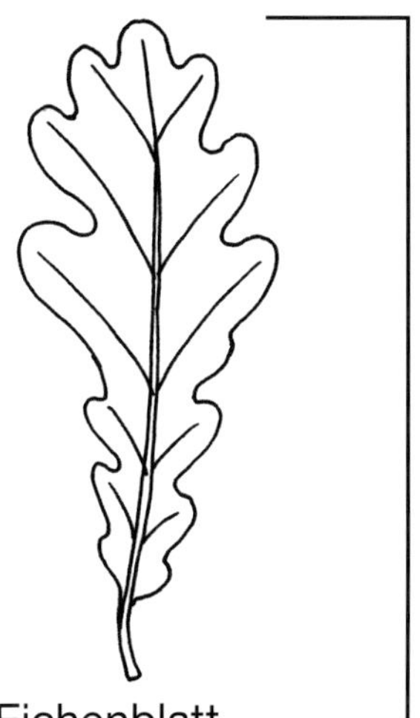

Eichenblatt ____________

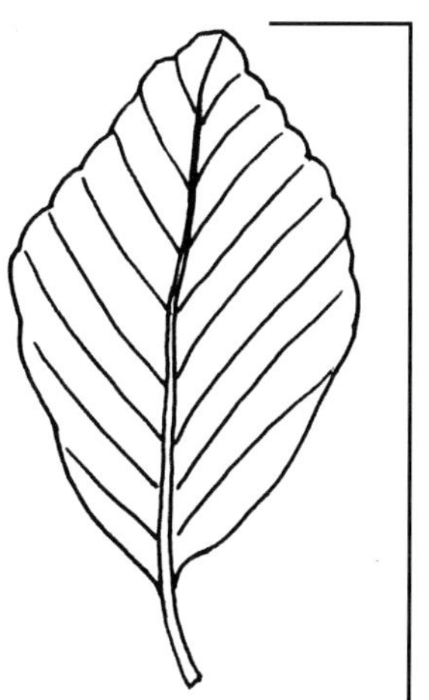

Buchenblatt ____________

Zapfen ____________

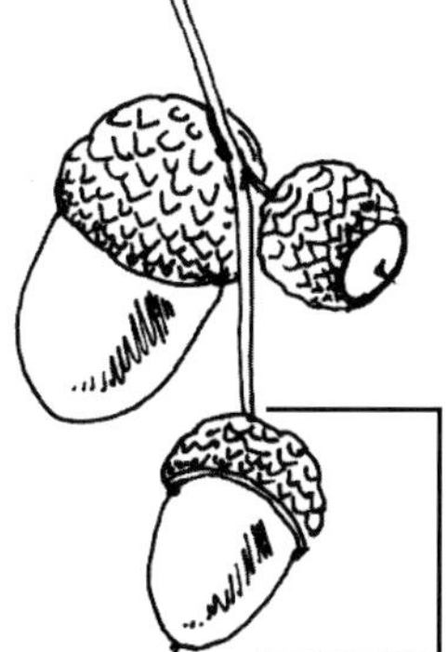

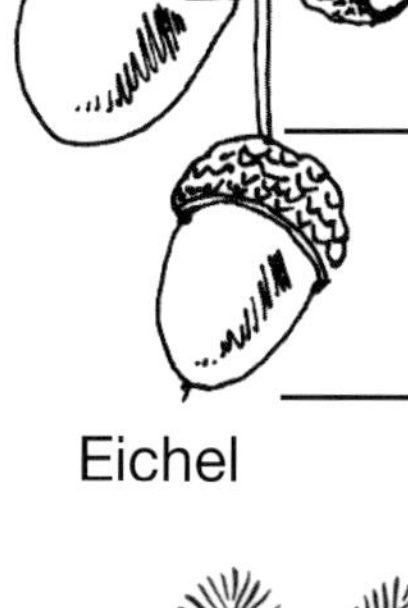

Eichel ____________

Stamm ____________

Nadel ____________

Fotosynthese (1)

Bäume sind sehr wichtig für die Erde. Denn sie und andere Pflanzen wandeln mit Hilfe von Sonnenlicht in ihren Blättern das CO_2 aus der Luft in Energie um. Diese Energie brauchen sie zum Leben. Dabei entsteht Sauerstoff, den die Pflanzen an die Luft abgeben. Den Sauerstoff brauchen wir Menschen und auch alle Tiere zum Atmen. Diesen Vorgang nennt man **Fotosynthese.**
Das CO_2 wird in den Bäumen und anderen Pflanzen gespeichert, bis sie abgeholzt oder verbrannt werden oder einfach absterben. Dann geben sie das gebundene CO_2 wieder ab.

Aufgaben

1. Sieh dir das Schaubild auf Arbeitsblatt (2) an.
2. Male es bunt.
3. Lies die Sätze und schneide sie aus.
4. Klebe sie in das Schaubild.

Die Blätter nehmen Kohlenstoffdioxid (CO_2) aus der Luft auf.	Über die Wurzeln nimmt der Baum Wasser auf.
Dabei entsteht Sauerstoff, den der Baum an die Luft abgibt.	Mit Hilfe von Sonnenlicht wird das CO_2 in Energie umgewandelt.

Fotosynthese (2)

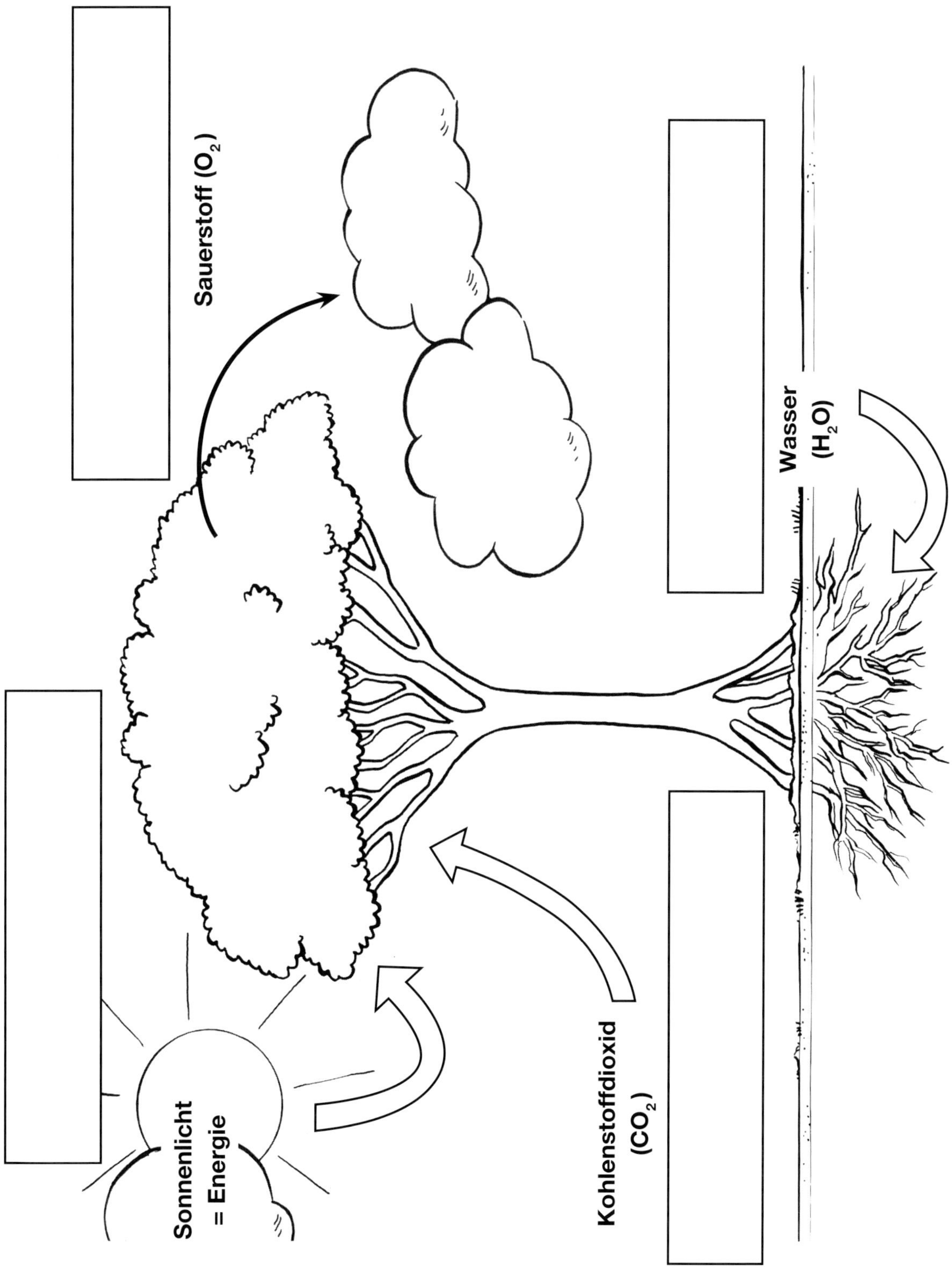

Sauerstoff (O_2)

Sonnenlicht
= Energie

Kohlenstoffdioxid
(CO_2)

Wasser
(H_2O)

BVK • Sabrina Grün • Mein Forscherheft Bäume

Obstbäume

Aufgaben

1. Welche Obstbäume kennst du? ☒ Kreuze an.
   Ordne die Früchte zu.
2. Wachsen bei euch im Garten, im Schulgarten oder in der Gegend Obstbäume? Sammle Blätter und Blüten oder auch Früchte.
   Stelle sie in der Klasse vor.

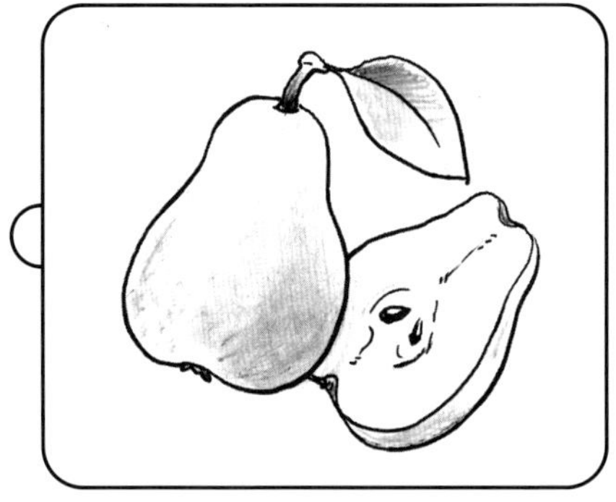

Lebewesen im Baum (1)

Aufgaben

1. Untersuche verschiedene Bäume. Welche Lebewesen entdeckst du? Wo leben sie? Überlege, warum der Baum wichtig für sie ist.
2. Beschrifte das Bild unten.
3. Zeichne deine Beobachtungen auf. Suche dir dann ein Tier aus und fülle den Steckbrief auf Arbeitsblatt (2) aus.
   Male das Tier oder Kleber klebe ein Bild auf.
   Du kannst im Internet nach Bildern und Informationen suchen: *www.helles-koepfchen.de, www.fragfinn.de*

Lebewesen im Baum (2)

Steckbrief

Name: ______________________________

____

Aussehen: ______________________________

____

____

____

Futter / Ernährung: ______________________________

____

____

So lebt das Tier im Baum: ______________________________

____

Besonderheiten: ______________________________

____

____

BVK • Sabrina Grün • Mein Forscherheft Bäume

Blätter-Löwe

Aufgabe

Gehe nach draußen und sammle Blätter.
Schneide die Vorlage aus und
klebe sie auf Tonpapier.
Klebe deine Blätter als Löwenmähne auf.

BVK • Sabrina Grün • Mein Forscherheft Bäume

Baumhaus

Stelle dir vor, du könntest ein großes Baumhaus bauen. Es darf ruhig verrückt sein! Vielleicht hat es fünf Stockwerke, ein Musikzimmer oder ein Schwimmbad?

Aufgabe

Wie sieht dein Baumhaus aus? ✏ Zeichne deine Ideen in den Baum.

BVK • Sabrina Grün • Mein Forscherheft Bäume

Fundstücke (1)

Aufgaben

1. Gehe nach draußen und suche eine Buche und eine Eiche.
2. Lege das Blatt an den Stamm der beiden Bäume und reibe mit einem weichen Bleistift die Rinde durch. Was fällt dir auf?

Buche

Eiche

Fundstücke (2)

Aufgaben

1. Suche trockene Blätter von verschiedenen Bäumen.
2. Klebe die Blätter in die Kästen.
3. Schreibe die Baum-Namen dazu.